यादों का शान्तिनिकेतन

यादों का
शान्तिनिकेतन

मनोरमा बिश्वाल महापात्र

अनुवाद

पद्मश्री डॉ. श्रीनिवास उद्गाता

वाणी प्रकाशन

पहला संस्करण : 2016
दूसरा संस्करण : 2025

vaniprakashan.com

वाणी प्रकाशन

4695, 21-ए, दरियागंज, नयी दिल्ली-110 002
फ़ोन : + 91 11 23273167, 23275710
शाखाएँ
अशोक राजपथ, पटना-800 004, बिहार
कॉफ़ी हाउस कैम्पस, महात्मा गांधी मार्ग, प्रयागराज-211 001, उत्तर प्रदेश
महात्मा गांधी अन्तरराष्ट्रीय हिन्दी विश्वविद्यालय, वर्धा-442 001, महाराष्ट्र
sales@vaniprakashan.in
vaniprakashan@gmail.com

Yadon Ka Shantiniketan
by Manorama Bishwal Mohapatra
Translated *by* Padmashree Dr. Srinivas Udgata

ISBN : 978-93-5229-588-3
Collection of Poetry

मूल्य : ₹ 295

सिटी प्रेस, दिल्ली-110095 में मुद्रित

वाणी प्रकाशन का लोगो मक़बूल फ़िदा हुसैन की कूची से

एक

पृथ्वी के सारे विश्वास
सारे प्रत्यय
जो है स्वाभिमान
सभी लौट आएँ
शान्तिनिकेतन के पास।
पहले की भाँति आकाश भर
सूरज तारों के साथ
अन्तेवासियों की प्रार्थना
बुला लाए उन मेघमय पलों को
सपनों से भरपूर जीवन को।

सदा सपनों के शिक्षार्थी
फँस कर इन्द्रजाल में
करें जीवन से प्यार और-और!
देखें हर रात अच्छे सपने।
पहुँचते ही मेरे
हल्दिया रंग के पीले–पीले फूल
छाये हुए हों हरेक तरफ!
और बुला लाएँ मोर बादलों को
इशारे से।

माँएँ बेटियों के मन में
पुरानी चलन की वे अदाएँ भर दें
जिसे तलाशते कितने प्रेमी
बने हुए हैं देशान्तरी।
उस दिन मैंने तुम्हें बुला कर कहा
आओ चलते हैं शान्तिनिकेतन
तुम्हारा मन जख्मी हो गया है
अपने आप जुड़ जाएगा।

जीवन पर है नहीं तुम में विश्वास
शक है हर एक इनसान के लिए
असूया ने छेद कर दिया है तुम्हारे मन में
फिर भी चलो चलते हैं
शान्तिनिकेतन
अपने आप सब ठीक हो जाएगा ।

जिन्दगी भर क्या चित्र बनाते जा रहे हो चितेरे
गाते हो क्या गीत बाउल या रवीन्द्र संगीत !
चुपचाप चाँदनी रात सोयी रहती है
सफेद चादर पर करते जाते हो चित्र की रचना,
समय समय पर टेराकोटा।
अँधियारी के लोंदों के बीच
किस के साथ करते रहते हो गपशप
माधवी कुंज के आधी छाँह आधे उजाले में,
'उदिची' या 'प्रतिची'[1] के चबूतरे के पास।

---
1. शान्तिनिकेतन में रवीन्द्रनाथ के दो आवास।

बैठे सोच रही हूँ कि गाँधीजी आए थे एक दिन
आश्रम कवि का आमंत्रण स्वीकार करके
उनकी स्मारिका में माटी घर
'श्यामली' के नाम से नामित हुआ
मंत्रसिद्ध हो गया पवित्र अक्षरों में
कनकाक्षरों में नामांकित हुआ
'श्यामली'[1] नाम से।
रात ढल जाती है पर चित्रांकन का अन्त नहीं होता
शिल्पी रामकिंकर![2]
रंग कूची लिए कैनवास पर
करते जाते हो कविता
रवीन्द्र संगीत की अन्तरा बजती रहती है
तन मन की गहराई में
शान्तिनिकेतन तो तुम्हारे लिए था तीरथ
'आम्रकुंज', 'शालवीथी' के नीचे
जहाँ सदा आनन्द ही आनन्द होता है
अनुगामियों के मन में , कैसी प्रखर शिखा
जलाए रख दी तुम ने।
काल खण्ड के अन्तहीन ,
मैंने काफी कुछ कहने की इच्छा की
पर आप से बोल नहीं पायी।
कहीं सुन कर आकाश स्तब्ध हो गया होता
सुन कर मुझ से ,
कहीं आप ने भी सोच लिया होता कि
जो मैं बोल रही हूँ सब है झूठ।

1. रवीन्द्रनाथ के दूसरे घर का नाम। यह एक कच्चा घर था जहाँ शान्तिनिकेतन आने पर गाँधी जी ठहरा करते थे।
2. शान्तिनिकेतन के प्रसिद्ध शिल्पकार कलाकार।

आप हैं नहीं शान्तिनिकेतन में
काफी समय पूर्व विदा ले कर चले गये संसार से,
दिशा खोया पक्षी जिस भाँति
लौट कर आ नहीं पाता अपने नीड़ को।
फिर भी सम्मान में फूल अर्पित करते हुए
अपने आप माथा झुक जाता है तुम्हारे आगे
आपने जीवन को समझा था या नहीं
मुझे नहीं मालूम
बस यही जानती हूँ कि आपके भीतर
छिपा था एक निर्माया सरल आदमी
बिल्कुल मेरे चित्रकार भाई के समान।

दो

सप्तपर्णी के निविड़ इन्द्रजाल का
श्यामल सम्भार
झरती हरसिंगार की विमुग्ध सुबह।

पौषमेला, बाउल की एकतारा
मधुक्षरा वसन्त उत्सव
कविता सन्ध्या के दिन
सप्तपर्णी खिलने की वेला
पूस का शान्तिनिकेतन!

शान्तिनिकेतन से उस दिन ले लायी
ढेर सारी श्रद्धा
चिरंतन प्रेम का वैभव।
रिमझिम वर्षा में
आश्लेषित कर लिया वर्षा को
शिशिर स्नात सप्तपर्णी को
मैंने उस दिन दीक्षा ली
रवीन्द्र संगीत की
प्रलुब्ध हो गयी रवीन्द्र चित्रकला की
लोक गीत की।

आज बेहद याद आता है
वह सुनहरा समय
सप्तपर्णी खिलने की
विमुग्ध सुबह।

तीन

शैतानों के शिविर में
आज बँधुआ है शान्तिनिकेतन।
दलाल नीलाम कर चुके हैं
वहाँ का आभिजात्य और सम्मान।
आँसू में सराबोर शान्तिनिकेतन को
कौन बचा पाएगा
पिशाचों के चंगुल से।
इन प्रचण्ड चीखों के कोलाहल के बीच
सब तो हैं
अपने आत्म बचाव में आतुर।
वर्षों के बाद पहुँची थी शान्तिनिकेतन
देखा आम्रकुंज के घने पत्तों के बीच
चेहरा लटकाए बैठा है एक हलदुआ
मानो गाना कब से भूल चुका है।

मुझे देख वह उड़ा नहीं
शैतानों ने उसके पर काट दिए थे।
मैं स्तब्ध हो निरखती रही
सब के सामने
मुझ जैसे अनेक कवियों के

सन् 1890 में
महर्षि देवेन्द्रनाथ टैगोर द्वारा स्थापित
ब्रह्म मन्दिर और प्रार्थना कक्ष।

परछेदन करके
आत्मतृप्ति से विभोर थे
वे शैतान!
स्पर्शकातर दरख्तों की आँखों से
आँसू टपक आया था उस दिन।
कदंब तरु के पत्ते हिल नहीं रहे थे उस दिन
बकुल के फूल खिले नहीं थे
शैतान क्या समझ पाएँगे
उनके प्रतिवाद की भाषा।
आज कल दिन के दोपहर में
कौए, गिद्ध और सियार
घूम फिर रहे हैं उन शैतानों के
घर के चहुँओर।
परिहास और श्लेष से
मानो फटा जा रहा है पूरा माहौल
बेहद पास ही से सुनाई दे रही है
मौत की चीख!

चार

तुम रोज रात को आते रहो, आते रहो
शान्तिनिकेतन और मैं
होती रहूँ पुलकित, आह्लादित
अपार्थिव आनन्द से।
मैं खिलती रहूँ
कमल की पंखुड़ियों की भाँति
आलोक के स्पर्श से।
मेरा जीना कैसे अधिक अर्थमय है आज
जीते रहने में कैसा रोमांच
आता है किस प्रकार सालों के बाद!
यह तो कल की भाँति लगता है
आँखों में आँख भर आग्रह लेकर
आया था, साथ लिए घर की बनी बड़ियाँ
और उसे गँवार कह कर
यार दोस्त चिढाया करते
वह था करुणाकर
दर्शन छात्र शान्तिनिकेतन का।

समय के प्रवाह में बहता
वह कहाँ चला गया पता नहीं

वह भी सपने में आता है कभी-कभार!
पता नहीं कौन उसे धकेलता ले चला।
लौटने का बल मिला नहीं उसे
अबूझ-सा वह रह गया सबके लिए।
किसी को भी समझाने की कोशिश
की नहीं उसने ।
सपनों का कभी भी अन्त न हो
न खत्म होनेवाले सपने तो जीवन हैं
अनन्त सपना है शान्तिनिकेतन!

पाँच

मामा की नथनी पहनी रोनी सूरत
अनाथ बूआ की पनीली आँखों में
पलक न झपकता निरीह चेहरा
याद आता रहा
शान्तिनिकेतन में।
गाँव के पोखर की काई
कुईं फूल, बचपन
बेंत, जामुन
सब आये और जमने लगे
मेरे मन में।

दूर रह कर ईश्वर से प्रार्थना की
मामा, क्षीर बूआ दोनों अच्छे भले रहें
अव्यक्त दुःख को जैसे कोई न खोल दे
उनके सामने, उसकी सन्तानहीन जिन्दगी को लेकर
अधिक उलाहना न दे कोई
और मेरे वापस पहुँचते समय
कुईं वैसी ही खिलती रहे।

कंचन की शाखा पर नीड़ बनाये
जो माँ पक्षी है, वह जैसे अपने शावकों को तज कर

कहीं उड़ न जाए।
मदरंगा शाग[1] बीननेवाली चुण्टिया की माँ
उसी तरह खुश रहे कि लौट कर मैं
कहानी की झड़ी लगा दूँगी।
शान्तिनिकेतन की कहानियाँ सुनाऊँगी
सब को।

चुण्टिया की माँ[2] पूछेगी
शान्तिनिकेतन कैसा फूल है जो
उसकी खुशबू को सहेज रखी हो अभी तक!
पहली बार गाँव छोड़ कर आयी सहमी सहमी-सी
आँखों से शान्तिनिकेतन को देखे मन में
सपने आने लगे थे
छाँह-उजाले के जीवन में
रवीन्द्र संगीत का हाथ थामे
राह चलने का मन हुआ।
पथ पर काँटे नहीं थे ,
ऊबड़-खाबड़ कुछ भी नहीं था।

दिन के हर पल
ताजा ताजा-सा लगता था
भोर की भाँति।
चाँदनी से भीगी आधी रात को
नींद टूटने पर देखा
चाँद से अमरित बरसता रहा था रात भर।

---

1. उड़ीसा की एक लोकप्रिय शाक।
2. लेखिका के गाँव की एक बूढ़ी महिला।

विभोर चकित हो
झरोखे के पास बैठी रही
रात भर उन्नींदी रहकर।
पता नहीं कब आकर
दस्तक दिया सुबह ने किवाड़ पर
समवेत प्रभात के वैतालिक[1] में
प्रार्थनामय हो उठा जीवन!

मुझे लगा वैसा दुर्लभ पल
और कभी भी आएगा नहीं जीवन में।
ओस भीगी सुबह में
शान्तिनिकेतन परत दर परत
खुलता जा रहा था मेरे सामने ।
कवि का तपोवन है शान्तिनिकेतन
मुझे बुलाकर ले चला
सप्तपर्णी वेदी तक
मैंने प्रणाम किया उस पेड़ को
उसकी हर शाखाओं को
उसके प्रत्येक धूल कणों को
आर्यऋषि की तपोभूमि को।

---

1. शान्तिनिकेतन की प्रभात-वन्दना।

छह

मैं गाँव से आयी हूँ इसलिए
मुझे विस्मय से ताक रहा है
शान्तिनिकेतन।
मेरी देहाती आँखों से
उसने पढ़ ली है काफी कथाएँ
शायद जान गया है इस बीच सबकुछ।
शान्तिनिकेतन में चाँद खिले तो
बरबस गाँव की याद आती है।
शान्तिनिकेतन में कुईं फूलों को देखने से
गाँव पोखर का नीला पानी झकझोरता है मन को।
शान्तिनिकेतन की सप्तपर्णी
मेरे संग बतियाती है।
बड़े-बड़े शाल और आम के दरख्त
पत्तों के कान हिलाहिला कर
गीत गाते से लगते हैं।
उसकी वजह का पता मुझे चल गया है।
जहाँ उनके सतीर्थ है उन शालप्रांशु भरपूर
बाँस का जंगल, बादाम जंगल से घिरा
उस गाँव से मैं आयी हूँ।
गाँव के सारे लोग न्यारे और भोले ।

शान्तिनिकेतन से मुझे काफी कुछ पूछना है।
शायद शान्तिनिकेतन है मेरा पहला प्यार
जिसे बस मन के नाजूक संदूक में
सहेजा जा सकता है।
एकान्त में हिला डुला कर
महसूस किया जा सकता है।
किसी को दिखाया जा सकता नहीं।

सात

अनेक बार पूछा है शतरूपा[1] ने
अपनी अन्तरंग सहेलियों से
'खोआई' तट के अन्धेरे को
तारों से भरपूर आसमाँ को
सार्थक क्षणों को
'मैं प्यार करती हूँ मनुष्यों से
लौटने की इच्छा होती है मनुष्य के पास।
ऐसा क्यों होता है
सारे विश्वास एक साथ
विडम्बित हो जाते हैं ।
सारे स्वप्न एक संग
ओझल हो जाते हैं, क्यों ?
मेरे सामने अंधकार लम्बा रास्ता
कैसे मैं अकेली पार कर लूँगी !
मेरे लिए सपने ला दिये
शान्तिनिकेतन ने ।
कहा-प्यार करो , और और जीवन से।
और मैंने प्यार किया अपने को उडेल कर।

1. संगीतकार शतरूपा, जिसने शान्तिनिकेतन में आत्महत्या की थी।

मैं आज काफी थक गयी हूँ।
मुझे लगता है मानो मैं
बरसों से सोयी नहीं हूँ
पता नहीं कितने मन्वन्तर बीते
देखी नहीं पृथ्वी अच्छी तरह से।
मैं चाहती हूँ विदा लेना
अपने आप से,
शान्तिनिकेतन से
पृथ्वी से।

आठ

आँखों में है नहीं नींद शान्तिनिकेतन की
संथाल बस्ती से सुनाई देता है मांदल
रात के पंछी
डैने फड़फड़ाते उड़ते जा रहे हैं , बस।
चारों ओर है अशान्त माहौल
नक्सलियों के गुप्त कार्यक्रम
अत्यन्त भयानक।
पेड़ हैं निर्वाक निस्पन्द
चहुँओर आग असन्तोष की
बेहद असह्य।
कल आधी रात को
निभृत कोठरी में चल रही थी मंत्रणा।
उसमें शामिल थीं सर्वाणी, भवानी और जहाँआरा।
शान्तिनिकेतन में आज आयी है संकट की वेला
हर जगह अविश्वास की दबी आवाज ।
पुलिस की छावनी में
दम घुटता है शान्तिनिकेतन का।

किसी आततायी ने रोपा है
विश्वासघात का बीज

इस मिट्टी पर।
बुराइयों का निपात करना है
कौन लिख रहा है अँधेरे में!
चारों ओर है कर्फ्यू
चहुँदिशाओं में गूँजता असन्तोष
होस्टल खाली करने का परवाना
तुरत खबर!

दर्शन-छात्र करुणाकर
सपने देखता है बड़ा बनने के।
अचानक जाए तो जाए कहाँ
चारों ओर कर्फ्यू जो है
चहुँओर कुछ एक टूट जाने की आवाज!
उसके बाद कहाँ गया करुणाकर[1]
वह एक कहानी बन गया सबके लिए
किसी को पता नहीं चला।
कई सालों के बाद
धउली के निर्जन विहार में
तपस्यारत है करुणाकर।
पहले से कुछ वैसा ही था।

करुणाकर कभी उग्रवादी
या नक्सल नहीं था।
करुणाकर बस करुणाकर ही था।
मेरा सतीर्थ, दर्शन का छात्र

1. शान्तिनिकेतन में दर्शनशास्त्र विभाग का एक विद्यार्थी।

उस दिन अस्त गोधूली वेला में
धउली के चबूतरे के नीचे
जटाजूट परिपक्व बाबाजी एक
प्रवचन में तन्मय थे
चालीस साल पहले का करुणाकर
कभी भी नक्सली नहीं था ।
वह पृथ्वी की नहीं
किसी और जगत की भाषा बोलता था।

सुप्रसिद्ध शिल्पी रामकिंकर बैज़ की शिल्पाकृति के सामने खड़ी कवयित्री मनोरमा बिश्वाल महापात्र।
(गोयनका महिला छात्रावास)

नौ

कैसी माया है इस माटी की
कि पैर धरो तो बँध जाए मन
उसकी सुरभित सुगन्ध से।
सप्तपर्णी खिले तो
बजे ढिंढोरा चहुँ ओर
कितने दिग्भ्रमित रसिया भौंरे
मँडराने लगते हैं।
सप्तपर्णी सुरभित महक में है
बूढ़ी आसुरी का सम्मोहन
वहाँ एक बार पहुँचने पर
लौटने का रास्ता ही बन्द हो जाता है
अपने आप।
जनस्मृति में अजय तटवर्ती केन्दुविल्व
कविता-सी लगने वाली दो काव्यमयी नदियाँ
खोआई और कुपाई[1]।
कुछ ही दूरी पर जीवन गति से छलछलाती
मयूराक्षी रूपनारायण[2]
सभी सुन्दर अनवद्य।

1. शान्तिनिकेतन के निकट बहने वाली दो नदियाँ।
2. पश्चिम बंगाल की दो नदियाँ

बड़ी भोर
उपासना के समय
प्रार्थनामय
बन जाता है समय।
सिंह सदन[1] से सुनाई देती है
घंटे की आवाज
मन में संचरित हो जाती है
विपुला पृथ्वी
विपुल सम्भार
डाहुक, कुलिंग कांक सभी बुलाने लगते
एक साथ
और मैं सम्मोहित-सी हो जाती हूँ
अन्तरंग भावना में
बँध जाता है मन
प्रत्येक स्थल पर अनहद मंत्र नाद
हर जगह महाचेतना का उत्तरण
शुभमयी वेला सरस्वती की।
भोर आकाश पर पक्षी-पक्षिणी की उड़ान में
अपने आप उड़ जाता है मन
दिग्वलय की ओर
त्रिपथगा नदी
खोआई, कुपाई
काल के कपोल पर चमकता
अन्तहीन शान्तिनिकेतन
स्मृति समर्पण।

---

1. शान्तिनिकेतन का एक प्रसिद्ध घंटा-घर।

दस

शान्तिनिकेतन में मेघ पुकारे तो
ढेर सारी बातें याद हो आती हैं
दूर गाँव के दालान के पास बैठे
मामा[1] का सुबक सुबक कर रोना
अधिकतर यादों में उजागर हो जाता है।
मकान की चौहदी के अन्दर
मामा के विषादित या उल्लसित भाव
कुछ भी समझ में आते नहीं।
ऐसी लाचारी में जीना !
इतने मेघ हैं शान्तिनिकेतन में
एक साथ सब कछ उँडेल दिये
झरोखे के उस ओर की बारिश को
छू नहीं सकती हूँ ...
वर्षा आए तो मेरे भीतर
नाजुक पत्ते खिल आते हैं।
मूर्च्छित हो उठता है कोमल गांधार
मेरे अंग-अंग में
फूल खिले तो गाँव की नदी याद हो आती है।
गांव में लंबी-लंबी ताड़ की डालियों पर

1. कवि की दादी।

करीने से बने बसेरा को बनाने वाला बया
और वह सजा-धजा घोंसला भी एक दिन
उजड़ जाता है तूफान में।

यहाँ बुलाते हैं बादल
बुलाए रवीन्द्र संगीत
बुलाता है गुलमोहर
सभी कहते हैं 'आय आय'
और मैं कहीं भी चल नहीं पाती
कैसे जाना पड़ता है पता नहीं ।
आसमाँ पर बादल घुमड़े तो
कुछ और याद नहीं कर पाती हूँ
मामा की रोनी सूरत, भीगी आँखें
अधिकतर याद हो आते।
उस समय मेरी छाती तले
एक सुनसान नदी
मौन हो बहती जाती है।
दमयन्ती कहती है
कैसी सुहावनी वर्षा यहाँ
भीगने को मन करता है।
सैकड़ों सालों की भावना में
मेरा मन है भाराक्रान्त
वर्षा वर्षा कुछ नहीं
सभी प्रतारणा
आज इस वर्षा में गूंजित है
बस कोमल गांधार।

ग्यारह

वर्षा ने हाथ थामे
मुझे ले चली थी शान्तिनिकेतन के पास।
सप्तपर्णी, सुनहरी, बकुल
सभी वर्षा में सराबोर थे।
कुछेक अन्तेवासी
गा रहे थे वर्षा में भीगते हुए ।
और मैं ताकती रही थी उल्लसित हो।
क्या यह वही मुग्ध इलाका
जिसका नाम है शान्तिनिकेतन !
सब खोकर फिर तलाश कर पा लेने का नाम
शान्तिनिकेतन है क्या ?
क्या यही है कविगुरु रवीन्द्रनाथ
सब कुछ पा लेने का देश
शान्तिनिकेतन !
सपने में कई बार भेंट हुई है शान्तिनिकेतन से
वास्तव में नहीं ।
सुबह होने पर सदाबिहारी आँख खोलता है
बुलबुल आकर एक आध पद गाकर चली जाती है
जो मुझे रवीन्द्र संगीत-सा लगता है।
शान्तिनिकेतन मुझे उठा लेगा, जानती थी

एक सरल कवि के हृदय में
शान्तिनिकेतन की प्रतिछवि के अलावा
और क्या होता ?
कपटी यदि शान्तिनिकेतन पहुँचे तो
पूतना बन जाती है।
शान्तिनिकेतन के खून पीने के अलावा
और क्या जानती हैं वे ?
उसके गले में फूलमाला पहनाते
भीतर को चूरती खाती जाती हैं।
शान्तिनिकेतन का महार्घ अनुभव
मुझ में निरवधि काल के लिए
बना रह जाए !

बारह

उस दिन मेरी ओर बढ़ आया था
निविड़ आन्तरिकता का हाथ
शान्तिनिकेतन का ।
एक कवि के लिए उससे बड़ी कोई प्राप्ति
और क्या हो सकती है जिन्दगी में ?
मैं यहाँ क्यों आयी पूछते हो ?
मैं बस यही कहूँगी कि
जिस सपने को मैंने
लालित पालित कर रखा था मुझ में
मैं आयी हूँ उसी के पास
दीर्घ कई बरसों के बाद
देखो न,
कैसी है उस स्वप्न की उज्ज्वलता
सारी चेतना मेरी वैदुर्यमय
कर दी है जिसने !
यहाँ अब है वर्षा ऋतु।
शान्तिनिकेतन की माटी
पुष्पित हो जाएगी कविता से ।
खुशबू से भरपूर होंगी
नदियाँ, अरण्य और मयूराक्षी के भँवर

इस बार सप्तपर्णी खिलेगा
खिलने पर अभिमान, अनुराग सारे
जम जाएँगे हमारे अन्दर
मैं बोलूँगी, यहाँ मैं भली हूँ ।
पृथ्वी धीरे-धीरे सँकरी हो गयी है
यह तुम लिखोगे पत्र में
कहो, कब आओगे शान्तिनिकेतन !
आओ तो कुछ समय साथ-साथ बैठें
फूलों के, पेड़ों के साथ जुड़ जाएँ
अरसे से बिसराए गीत को
बार-बार दुहरा कर खुश हो जाएँ
चारों ओर बिखरे सुकुमार सपनों को
समेट सहेज कर रखेंगे।

शान्तिनिकेतन के
बिड़ला महिला छात्रावास के सामने
रामकिंकर बैज़ द्वारा निर्मित शिल्पाकृति।

तेरह

आस्था की वसुन्धरा थी इनका पाथेय
विश्वास यहाँ दवना, वल्लभा की भाँति
सभी के हृदय को महका देता था।
संसार में आततायी हो सकते हैं
ऐसी भावना कभी जागी नहीं मन में
भाव में झिलमिलाए रहती थी माटी, हवा।
अविश्वास किसी के भी मन में दाखिल हो नहीं पाया
सब ने मानो मन के द्वार बंद कर दिये हैं
उसके लिए मानो।
एक कवि कवि की भाँति जीता रहता है यहाँ।
एक शिल्पी प्रवाहित कर सकता है फल्गू
रेगिस्तान में।

शान्तिनिकेतन की माटी मेरी नमस्या है।
है मेरी आराध्या।
शान्तिनिकेतन आज बदल गया है।
हम सब ने मिल कर उसे बदल दिया है ।
चहुँओर अविश्वास
लाश के समान झूल कर है सबके सामने
इस ओर कहीं बम फटने के धमाके से

शान्तिनिकेतन का दिल दहल गया है।
पेड़ पत्ते सभी संत्रस्त, भयभीत!

रात को
चैत्र पवन की श्वांस के गहरी होने पर
मांदल बजते नहीं सान्ताल बस्ती में
दरख्तों के चेहरे बुढ़ापे से मलिन
फूल और खिलते नहीं हैं
न बगीचों में न वीथियों के किनारे
कुछ बोलती-सी आँखों से ताक कर
सचमुच शान्तिनिकेतन कितना बदल गया है।

चौदह

और लौट कर आऊँगी नहीं
शान्तिनिकेतन के पास
जहाँ से उस दिन विदा लेकर आयी थी
धान फूलों के गाँव को।

कविताएँ पढ़ीं शान्तिनिकेतन में रवीन्द्रनाथ की
सारला दास, मायाधर मानसिंह[1] की
सारा रवीन्द्र संगीत
सहेज कर रख लिया है सेल्फ में
कपूर देकर।

उस दिन आते समय मेरे संग
चला आया था अपने आप
दरिद्राभ सूर्यास्त का रंग
कवि प्रसन्न मिश्र की मनिकाओं का
प्रेमानुराग।

गैरिक साड़ियों में अपूर्व दिखनेवाली
मनिकाएँ

1. उड़ीसा के दो प्रसिद्ध कवि और शिक्षाविद्।

पता नहीं कौन कहाँ
चल दिये हैं शान्तिनिकेतन से।

अब भी तलाश जारी है कवि की
कहाँ छिप गयी है उनकी प्यारी मनिका।
शान्तिनिकेतन में या
गध्रकूट पर्वत पर
या बर्फ घिरे शिमला में!

पन्द्रह

उस माटी पर चित्रित हैं दो नदियाँ
खोआई कुपाई।
कलाकारी पत्तों में सुशोभित सप्तपर्णी।
शरत चन्द्रमा
भिगोए आँखों की पंखुड़ियाँ
रवीन्द्र संगीत का अन्तरा
कण्ठस्थ करती रहती अविरत ।
उस मंत्रसिद्ध माटी को प्रणाम करके
उस दिन विदा माँगी।
लौटने की वेला आ गयी, कह आयी।
बोल आयी कि हो सकता फिर कभी आऊँ
उस दिन शायद आसमाँ पर उड़ती न होंगी शंखचील
उस दिन हो सकता है सप्तपर्णी में खिलता न होगा फूल।
आसमाँ पर उस दिन शंखचील
उड़ रही थी।

मैंने सुना, कह रही थी चील मुझे
आज नहीं, आज नहीं
कभी न कभी तुम लौट आओगी जरूर।
एक दूसरे के हाथ थामे

अन्तेवासिनी हम सभी
गाती होंगी।
मेरे झरोखे के पास का
वह प्रिय पेड़
उखड़ गया होगा जड़ से।
कोहरे से घिरी जिन्दगी से
मुक्त होकर क्या मैं कभी
आ पाऊँगी इस तीर्थभूमि को !
इस दीर्घकाल की अवधि में
मैं मन मारे बैठी हूँ
कभी तो खुशी से विभोर हो
आ बैठी थी इस पेड़ तले !
पेड़ के स्पन्दित होने की आवाज
सुनी है मैंने ।
पत्तों के कंपन से।
स्फुरित शाखा-प्रशाखाओं से ।
समय हो सकता है भूल जाए मुझे
ओड़िआ कवि एक कभी
पैर धरा था यहाँ
इस शान्तिनिकेतन की माटी पर!

सोलह

सप्तपर्णी केवल शान्तिनिकेतन ही में खिलती है।
सुनहरे फूलों से जब मण्डित हो जाता है
शान्तिनिकेतन।
बचपन, बचपन की भाँति महकने लगता है।
संगोष्ठी, कविता उत्सव
सब आज के उपलक्ष्य में
अतीत के छात्रावास के
झरोखे के पास
टगर, तराट फूल के वृक्षों की छाया
सब कुछ पा लिया है की भावना का
देश है शान्तिनिकेतन।

सप्तपर्णी फूल बस
शान्तिनिकेतन ही में खिलता है।
उस दिन मयूराक्षी के जल भँवर में
खो गये समय के
सभी अच्छे दिन
मैं एक पत्र के समान
बह चली दूर से दूर तर।

सत्तरह

मेरे लिए एक आविष्कार था शान्तिनिकेतन
मैंने यहाँ आविष्कार किया
पहले अपनी अस्मिता का
आत्मदर्शन किया रवीन्द्र की कविता का

शान्तिनिकेतन मेरे लिए
प्रभात के मांगलिक में
मंदिर की मंत्रध्वनि
जैसे ही अभिनन्दित हुई
वैसे ही संवर्द्धित होती गयी मेरी अस्मिता।

शान्तिनिकेतन में आविष्कार किया
एक उत्तरित प्रेम का ।
उद्धार किया टूटते मूल्यबोध का
आत्मघातिनी कादम्बरी देवी के
सपनों की इमारत को ।
ज्ञात हुई रहस्यमयी कुहेली की सत्ता
विक्टोरिया या इन्दिरा की रहस्यमयता
जो थी मेरे लिए एक आविष्कार।

अट्ठारह

नीलकण्ठ पक्षी समूह
ओझल हो चुके हैं शान्तिनिकेतन से
ईंट और कंक्रीट के जंगल में
लौह पिशाच की दिल दहला देनेवाली चीख
यहाँ उस दिन
फागुन वधू पेड़ तले
आकाश की रक्तिम आभा को
कूची और कैनवास में कैद कर नेवाला
चितेरा ललाटेन्दु
समझा ही नहीं था सीमेण्ट कंक्रीट के संसार को।

ललाटेन्दु के लिए शान्तिनिकेतन था
यूटोपिया
शर्मीले ललाटेन्दु[1] ने
नीलकण्ठ पक्षी को देखा है
बोल रहा था एक दिन
ललाटेन्दु का गाँव है चिलिका के तट पर
काफी नजदीक से उसने देखा है नीलकण्ठ को
कंक्रीट के जीवन में

1. उड़ीसा के एक कलाकार।

शान्तिनिकेतन भी तो कंक्रीट
बन चुका है पिछले दिनों से।
उस दिन भुवनेश्वर के रवीन्द्र मण्डप में
ललाटेन्दु से भेंट हुई।
बादल भीगे आकाश की तरह
लगता था उसका चेहरा
ललाटेन्दु एक किराये के मकान की तलाश में था
निहायत एक छोटा-सा मकान
सांसारिक होते हुए भी संसारी बन नहीं पाया था
ललाटेन्दु!

शान्तिनिकेतन का
चित्रकार है
ललाटेन्दु
विनयी ललाटेन्दु ने
सकुचा कर कहा
एक छोटा-सा मकान तलाश कर सकोगी
मेरे लिए !
यही कुछ ही दिनों में !
है नहीं नीलकण्ठ पक्षी
स्वप्न नहीं, स्मृति भी नहीं है
शिल्पी ललाटेन्दु
देख रहा है सपना
शान्तिनिकेतन - पूर्वपल्ली का।

शान्तिनिकेतन का कला भवन (कला विभाग)।

उन्नीस

शान्तिनिकेतन पर कविता कहते समय
मैं बेहद असहज हो जाती हूँ
मानो शान्तिनिकेतन एक नाम नहीं
चेतना की भूमि है।
जहाँ मैं कुछ समय के लिए भूल गयी थी।
तमाम दुनिया को!
इसी माटी में मैंने बोया था प्रेम का बीज
आज आकर देखती हूँ
वही एक महीरुह बन गया है।
शालप्रांशु डैनों में उसके विस्मयों ने
घोंसले बनाए हैं।
शान्तिनिकेतन एक विस्मय
स्वप्नमय भूखण्ड है।

बीस

सब आ नहीं पाते हैं शान्तिनिकेतन
मैं आयी थी दृढ़ आत्मविश्वास लेकर
सपनों को गूँथा करती थी अटूट धागे से
दमयन्ती[1] की भाँति
सद्इच्छामयी
बान्धवियों को अपनाती थी
परम आग्रह से ।
मैंने दीक्षा ली थी
रवीन्द्र संगीत की।
सब पहुँच नहीं पाते हैं शान्तिनिकेतन
आते भी हैं तो पहचान नहीं पाते हैं
शान्तिनिकेतन की जमीन को!

शान्तिनिकेतन क्यों गवाह बने
नोबल पुरस्कार चोरी के हादसे का
दुर्नीतिग्रस्त कोई कुलपति;
अथवा अध्यापक
मातृभाषा को फेंक आए दरिया में

1. मॉरिशस की एक महिला जो कवि की परम मित्र थी और जिसने शान्तिनिकेतन में शिक्षा पायी थी।

या हत्या की
शान्तिनिकेतन क्यों हो
जिम्मेदार उसके लिए?
किस जन्म में कैसा पुण्य कमाए थे
जो शान्तिनिकेतन की माटी को छू पाए
सारी बुराइयों के बावजूद
जीवन को धन्य किया!

मैं आयी थी यहाँ अपने
बिखरे सपनों को समेटने के लिए
एकान्त निर्जन रात को
रवीन्द्र संगीत का एक पद
गुनगुनाने के लिए!
सब पहुँच नहीं पाते हैं शान्तिनिकेतन
आते भी हैं तो पहचान नहीं पाते हैं
शान्तिनिकेतन की जमान को!

इक्कीस

शान्तिनिकेतन की आत्मा को
तुम कैसे समझ पाओगे!
तुमने तो उस माटी से प्यार ही नहीं किया
अपना स्वार्थ पूरा करने पहुँचे थे
शान्तिनिकेतन का होकर
न और कोई शुद्ध पूत इनसान का ।
तुम हो नहीं किसी का भी
अँधेरे में खुद के चेहरे ही को
देख कर
कई बार न घबराओगे बोलो तो !
कैसा वीभत्स, कैसी जघन्य
तुम्हारी अंदरूनी सूरत
तुम्हें याद हो
कितने सरल इनसानों के विश्वास का
गला घोंट कर, ठहाकों से भर दिये
भूमण्डल को !
कौन कह सकता है
तुम क्या हो गिद्ध या शृगाल
या सरीसृपों का भोज्य बनोगे नहीं!
इतिहास तुम्हें कभी माफ नहीं करेगा

शान्तिनिकेतन के शुद्धसुवर्ण
वातावरण में
कितने जहरीले बीज तुमने बो दिये
वे विषवृक्ष शाखा-प्रशाखाएँ फैलाकर
आज आस्फालन से थर्राते हैं
मेदिनी को।

शान्तिनिकेतन में जो सुन्दर
निरीह शाल आम्र
और कदम्ब थे
मैंने सुना वे सभी अस्वस्थ हो गये हैं
उन विषवृक्षों की विषैली साँस से।
विश्वास के 'बड़दाण्ड' में
प्रार्थनारत इनसानों के
दीर्घश्वास से हाहाकार
घिरता आ रहा है
शान्तिनिकेतन पर।

बाईस

पौष मेला, बाउल का इकतारा
कविता का महोत्सव
मधुमयी वेला
पूस में शान्तिनिकेतन
धुआँ धुआँ-सा कोहरा
और सरसों के फूलों की ऋतु
बोगनवेलिया, डालिया और चन्द्रमल्ली
खिलने के दिन ।
चाहे खुशबू न हो बोगनवेलिया की
कैसा उच्छल, कैसा उद्दाम
है नहीं उसका जीवन !
इस बार शीत में
तुम्हारी प्रतीक्षा करूँगी
शान्तिनिकेतन !
साथी होकर सुनेंगे बाउल का इकतारा
मधुसंधानी मन में
बहा देंगे बेशुमार पीयूष झरना।

तेइस

पियानो वैसे ही है, रहने दो
मोहगनी लकड़ी से बना
कारुकार्य से भरपूर।
कब बजाते हैं पियानो
रवीन्द्रनाथ?
रात का नि:शब्द चाँद
अजस्र नदी में डूब जाने के बाद
या भुवन डंगा के उस पार से
माँदल बजने पर
कवि रवीन्द्र का खास आदमी नाथ दा
बुजुर्ग भृत्य की आँखों में हैं जाले।

कब, क्यों आये थे ओड़िशा से
शान्तिनिकेतन
आज कुछ कह नहीं पाते!
पियानो पर बजे विहाग तो
ओडिशा के नाथ दा[1]
अनमना हो जाते थे
चालीस साल पहले
एक शीतल साँझ में
नाथ दा ने मुझे दिखाया था

1. नाथ दा उड़ीसा के थे जो रवीन्द्रनाथ की देखभाल करते थे।

वह रहस्यमय पियानो!
हो रही थी इच्छा छूने की
कवि रवीन्द्रनाथ की उँगलियों के स्पर्श से
वह पियानो कई बार मूर्च्छित हुआ हो
कभी ऐसी शीत की साँझ में
मूक मौन निस्पन्द हो
अब जो पड़ा है वैसे ही !

पियानो में विहाग आलाप है अति करुण
कई बार जागी है इच्छा कि
एक बार चल कर छू लेती उस पियानो को!
एक बार देखती किस भाँति
अणु-अणु में है भरपूर तान की मूर्च्छना
लता-पत्रों में किस तरह
कारुकार्यपूर्ण अलंकार
चमकता रहता है
स्वरलिपि की भाँति।

बात करनेवाला दरख्त
आता है ऊपर ऊठाए
कान लगाए पत्ते
बहुत ही स्पर्शकातर
नोबल प्राइज की चोरी के समय
पेड़ों ने अवश्य देखा होगा
पूछो तो अब क्यों है मौन
कुछ न बोल कर सबकुछ
सहन कर लेना
शायद गुण है शान्तिनिकेतन का।

'चैती' के सामने बैठी कवयित्री।
शान्तिनिकेतन में रवीन्द्रनाथ के द्वारा इस स्मारक
की स्थापना की गयी।

चौबीस

महाकाल भीषण निष्ठुर
हर किसी का गर्व अहंकार
कर देता है चूर-चूर
बचा कुछ भी रहता नहीं।

शायद एक न एक दिन
शान्तिनिकेतन के जीवाश्य में से
मुझ जैसे वंचित कवि कुछेक
सर नवाए बोलेंगे सब कुछ!
जितने अन्याय और कपट का चौसर
खेला गया था इस माटी पर
और उस दिन दु:ख और अनुशोचना से
रो भी न पायी थी मैं।
खर्वकाय, विचारशून्य, कुछेक शठ
उस दिन आ बैठे सिंहासन पर
प्राज्ञों के अट्टहास से
विस्फारित नेत्रों से
शान्तिनिकेतन
बस ताकता रहा था।

अतीत की कब्र में से
अनेक अपेक्षित आत्माएँ
महाकाल से प्रश्न करती थीं।
यह अन्याय है , घोर अन्याय है।
और वे समझ भी न पाए !
हर पल उनकी तलाश कर रहा है
महाकाल।
मिथ्या आरोप का आडम्वर
क्षमता का वृथा आस्फालन
व्यापारियों की तरह
अर्थ बटोरने में
जिन का
बीत गया समय।

वे सभी आज महाकाल के आगे
हाथ जोड़े हैं
यही कुछ दिन हुए एक अद्भुत फूल खिला है
शान्तिनिकेतन में ।
सब उस फूल को देख कर
जिसका रंग है अंगार की तरह
जिसमें अविद्या अनीति आदि सब कुछ
जल कर राख बन जाएगी
महाकाल है उस फूल का नाम
शैतान हो गये हैं सावधान
जान चुके हैं उनका अन्त आसन्न है।

पच्चीस

मेरे सितार पर वागेश्री बजाते समय
तुम्हारी याद बरबस आ रही थी।
शान्तिनिकेत के आकाश पर
अनेक विरही विहग
उड़ते जा रहे थे डैने पसारे
ऐन उस वक्त।

तुम उस वक्त धरती के
किस उपान्त में थे
याद नहीं
वागेश्री तुम्हारा प्रिय राग
बस यही जानती हूँ।
भटक जाने पर कुछ कहा नहीं जाता
पूर्वाशा का आकाश जल रहा था उस समय
अनुराग की रक्तिम आभा में।

दीर्घ इतने वर्षों की जिन्दगी में
केवल श्रावण
न वागेश्री का झंकार
न मालकौंश का स्वन
केवल घन घोर श्रावण
निष्ठुर श्रावण!

छब्बीस

दीर्घ इतने सालों का अनमनापन
छोड़ना नहीं है मुमकिन
कोमल गांधार स्वर-साधन को
मन से परे कर देने की भाँति।
वह मुझ में मूर्च्छित है सालों से
अविरत।

शान्तिनिकेतन की काव्यमयी धरती पर
नीरवता के हाथ थामे
मैंने बुलाया था रवीन्द्र संगीत को
अपने पास।
अब म्लान लगने लगे हैं वे सारे चित्र
जो उत्कीर्णित थे
शान्तिनिकेतन के फूल-पत्तों पर
देखते-देखते कैसे खो गए
उस दिन के वे मोमपुते बाटिक के चित्र।
रंग-बिरंगी किशोरियों के रवीन्द्र संगीत के कोरस!
पर न बदला है शान्तिनिकेतन
समय है बदला है शान्तिनिकेतन
समय है बदला हुआ पर कोमल गांधार तो वही है।
पहले की भाँति, इतने सालों के बाद भी।

□□